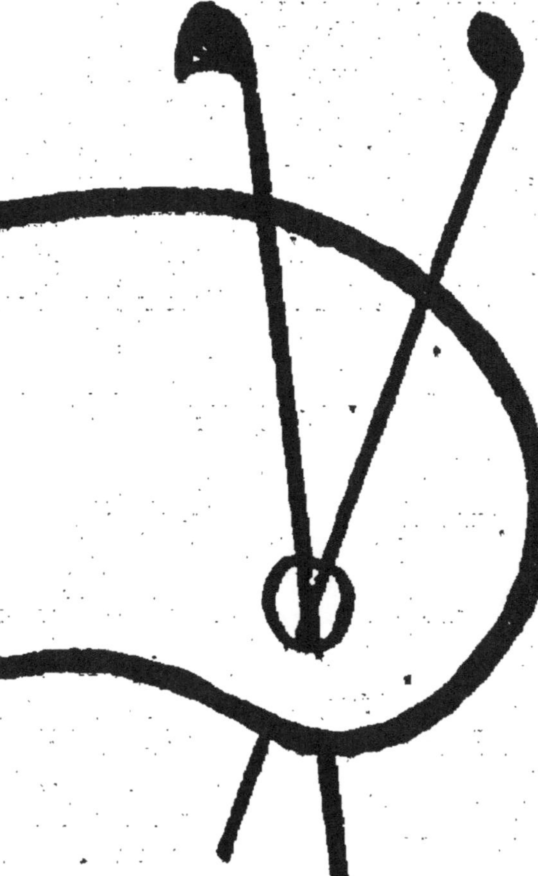

DEBUT D'UNE SERIE DE DOCUMENTS
EN COULEUR

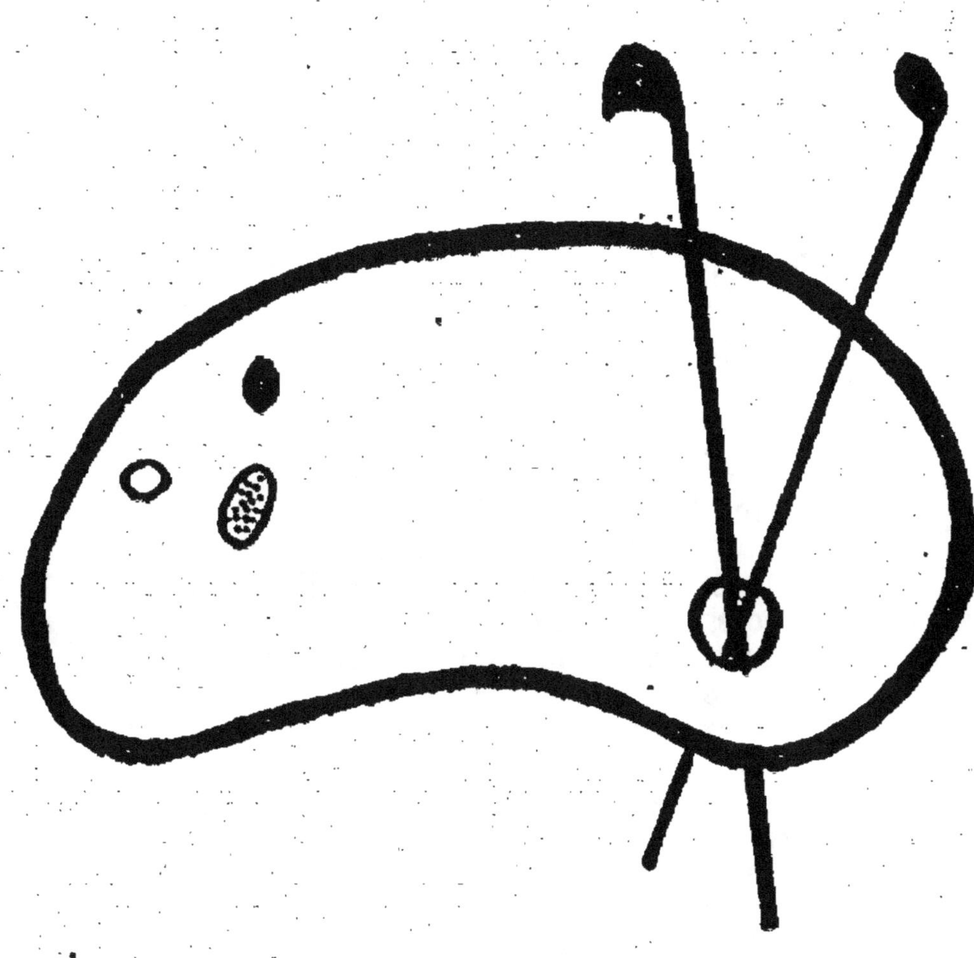

**FIN D'UNE SERIE DE DOCUMENTS
EN COULEUR**

# QUATRE JOURS

# EN AUVERGNE

Les architectes du Puy-de-Dôme, du Cantal, de la Haute-Loire et de l'Allier avaient tenu à recevoir avec la plus franche et la plus aimable cordialité les architectes venus de toutes les régions de la France pour assister à l'assemblée générale de l'Association Provinciale des Architectes français se tenant les 10, 11, 12 et 13 juin à Clermont-Ferrand.

Nous allons essayer de donner un aperçu succinct des intéressantes visites faites entre séances sous la conduite de nos confrères de l'Auvergne.

Nos préancêtres, nos ancêtres virent fumer ce pays, quand les volcans bavaient sur les roches anciennes. Ces ancêtres, les Arvernes, suscitèrent Vercingétorix contre César, et battirent les Romains devant l'Oppidum de Gergovie. L'Auvergne a gardé le nom de ce vaillant peuple.

Outre ses Dore et son Cantal, l'Auvergne

dressait les ampoules de ses Dômes ; divisée en Basse et Haute Auvergne, elle contenait plusieurs pays politiques et de nombreux pays naturels.

La capitale était Clermont-Ferrand.

Sous les Romains, *Nemosus* ou *Neme-tum* ; au Moyen Age, *Clarus Mons* ; on lui réunit Montferrand en 1633 ; *la Ville Noire* s'élève dans la Limagne, à la lisière de cette superbe plaine, au pied du majestueux Puy-de-Dôme.

La cathédrale de Clermont-Ferrand est le monument le plus important de la ville ; ses deux flèches sont dues à Viollet-le-Duc. Elle fut commencée en 1248 sur l'emplacement de l'ancienne cathédrale.

Il existe en France trois grandes cathédrales bâties pendant le xiv<sup>e</sup> siècle : ce sont les cathédrales de Clermont-Ferrand, de Limoges et de Narbonne. Ces trois édifices sont l'œuvre d'un seul homme, ou au moins d'une école particulière, et bien qu'ils soient élevés au delà de la Loire, ils appartiennent à l'architecture du Nord. Comme plan et comme construction, ces trois églises présentent une complète analogie et ne diffèrent que par leur décoration ; un peu froides, un peu trop soumises à des règles classiques, elles sont par cela même intéressantes à étudier pour nous aujourd'hui.

La première cathédrale avait été bâtie au v<sup>e</sup> siècle par saint Numatius ; Grégoire-de-Tours en fait un éloge pompeux dans l'*Histoire ecclésiastique des Francs* ; les murs, à l'intérieur, étaient couverts de peintures, de marbres, de mosaïques. C'était la basilique antique, avec ses colonnes et ses bas-côtés; elle fut complètement détruite par les flammes lorsque Pépin enleva la ville de Clermont au duc d'Aquitaine Eudes.

Il y a lieu de remarquer que la cathédrale actuelle est le seul monument gothique d'Auvergne ; cette province, devenue française seulement à la fin du xv° siècle, passa de l'architecture romane dégénérée à l'architecture de la Renaissance, n'ayant subi l'influence des monuments du Nord que fort tard et d'une manière incomplète; sauf quelques détails qui peuvent attirer l'attention du visiteur, ce n'est pas à Clermont qu'il faut aller étudier l'architecture ogivale.

L'église Notre-Dame-du-Port, construite au vi° siècle, puis détruite par les Normands, fut reconstruite au xi° siècle ; elle est de pur style auvergnat ; c'est un des beaux types de l'époque romane dans lesquels les constructeurs s'ingéniaient à former de véritables mosaïques sur les façades en mélangeant avec habileté des pierres de différentes couleurs, le grès jaune, le calcaire blanc, la lave grise.

Entre Clermont et Royat, nous trouvons le village de Chamalière, ainsi nommé parce que, occupé longtemps par les Arabes, ils y avaient établi leur dépôt de chameaux. Ce qui reste de l'église date du xi° siècle et a beaucoup de rapport avec Notre-Dame-du-Port; ainsi les porches sont bâtis sur plan barlong et sont fermés; ils devaient être couronnés par deux tours. On voit encore autour de l'abside des colonnes tenant lieu de contre-forts; les chapiteaux portent directement la corniche sous la couverture, l'intervalle entre ces chapiteaux étant soulagé par des corbeaux.

Royat (Rubiacus) tire son nom des rochers rougeâtres qui lui servent de base. Bâti dans une gorge, entre deux montagnes de basalte, ce village doit sa célébrité à sa station thermale; ses sources, au nombre de quatre, ont été exploitées par les Romains, dont on retrouve les piscines dans le parc. En suivant la vallée au fond de laquelle coule la Tiretaine, pittoresque et accidentée petite rivière, l'on arrive à l'église, petit édifice du XI° siècle, roman auvergnat, fortifié et restauré à la fin du XII°. Sa partie supérieure est couronnée de machicoulis du XIII° siècle fort remarquables et son abside carrée est percée d'une jolie rose, à six lobes, sans réseau intérieur, de la même époque.

Sur la place, en face de l'église, une jolie croix en lave, du XV° siècle. Les figures des douze apôtres sont sculptées sur le montant principal entre quatre petits contre-forts. Une inscription donnant le millésime de 1481 est gravée au pied de l'arbre, du côté de la Vierge. Sur les faces du socle, dans de petites niches, on remarque huit figurines, probablement des prophètes.

Une excursion organisée pour Riom

nous conduit directement à l'usine pour le sciage et l'émaillure des laves de Volvic à Saint-Martin où nous reçoit de la façon la plus aimable le directeur de la Compagnie. Très intéressante, cette visite où nous assistons à toutes les opérations, depuis le sciage d'immenses blocs de lave de Volvic au moyen de scies à ruban armées de diamants noirs, jusqu'aux dernières opérations de l'émaillure.

A Riom, deux églises sont à visiter : Saint-Amable des XIIe et XIIIe siècles et Notre-Dame du Marturet; puis des maisons de l'époque de la Renaissance, la maison des Consuls, la tour de l'horloge, les hôtels d'Arnoux et Dumontat.

Nous avons dit que Montferrand avait été réuni à Clermont en 1633. Une église et des maisons Renaissance sont curieuses à visiter, notamment les maisons dites de l'Apothicaire, de l'Eléphant, d'Adam et Eve, etc.

Maintenant, allons au Puy-de-Dôme :

Au septentrion des monts Dore, les monts Dôme sont volcaniques aussi, mais avec des cônes mieux conservés. On compte soixante de ces cratères, élevés en général de 100 à 200 mètres au-dessus des gneiss, des granits, des schistes cristallins d'un plateau de pâturages nus qui a de 800 à 1,000 mètres d'altitude. Les chéires ou courants de lave sortis des gueules flamboyantes, puis lentement refroidis sur place, cachent le sol antique sous une gaine de matières poreuses.

Parmi ces montagnes qui lancèrent tant de lave, tant de boue, de soufre, de salpêtre, de nitre, de scories, d'eau bouillante, la plus majestueuse, c'est le Puy-de-Dôme, beau volcan obscur et muet dès avant les premiers bégayements de l'histoire. Il n'a que 1,465 mètres, mais il commande de 550 mètres le plateau dont il surgit, de 1,100 mètres Clermont et sa Limagne; vu de la plaine, il est imposant, de certains lieux, grandiose; son cône boisé se compose de l'espèce de trachyte qui lui doit le nom de domite. Cet « assembleur de nuages » porte maintenant un observatoire, et, à côté de ce temple de la science, les ruines d'un sanctuaire gallo-romain dédié à Mercure Domien ou Mercure Auvergnat.

De ce mont conique, si bien dégagé de tout autre en son isolement sur le plateau d'Auvergne, on plane au loin vers tout horizon : vers les Dore, les monts du Cantal, les neiges du Puy-de-Sancy, les monts du Forez, et plus près, sur les puys et chéires des Dôme et sur cent villages dans la plaine de la Limagne.

Notre dernière visite aux environs de Clermont est pour la montagne de Gergovie; sa célébrité ne vient ni de son altitude, qui est faible, ni de ses cratères, car elle n'en a pas, et, si elle porte des basaltes, elle les a reçus, mais ne les a point vomis; elle n'est point belle et n'a rien de grandiose. Sa gloire est tout historique : sur son plateau s'élevait la forteresse que César ne put arracher à Vercingétorix.

Le dîner confraternel traditionnel, agrémenté de nombreux toasts a clos les séances de l'assemblée, mais non encore les promenades.

Le lendemain, nous partons pour les monts Vellaves, ces vieux volcans qui n'ont de majesté que pour qui les fixe d'en bas, du gouffre où passe l'Allier, du précipice où passe la Loire, et même de ces deux bas-fonds, on n'aperçoit guère que des talus raides cachant la vraie montagne. Mais la beauté des gorges fait oublier la nudité, la morosité du plateau. Le Puy-en-Velay surtout est un site admirable.

Cette ville eut pour commencement, soit un hameau lacustre dans l'eau du torrent qui refluait devant la levée des monts de Peyredeyre, soit un hameau de refuge sur un rocher de ce lac.

L'effort du torrent, qui est la Loire, usa l'obstacle de Peyredeyre; le lac devint la vallée du Puy; la cité s'empara des pentes du rocher, qui est le mont Corneille, brèche volcanique dominant d'environ 140 mètres les ruisseaux du vallon. La ville s'y accrocha avec ses vieilles rues tortues et grimpantes, pavées de pierres volcaniques.

Du bas de ce rocher puissant, on sourit de la petitesse du bronze qui le couronne. Notre-Dame de France avec son enfant Jésus dans les bras, a pourtant 23 mètres de haut, socle compris; elle pèse 100,000 kilogrammes, et pour matière elle eut 213 canons pris aux Russes à Sébastopol, quand nous remportions encore des victoires.

Il n'entrerait personne dans la cathédrale romane du Puy s'il fallait obéir aux deux vers léonins gravés dans deux des marches du grand escalier de façade :

Ni caveas crimen, caveas contingere limen,
Nam regina poli vult sine sorde coli.

« Si tu n'as horreur du péché, garde-toi de franchir ce seuil : la reine du ciel veut des adorateurs purs. »

C'est un monument dont la disposition est unique. En passant sous un porche très relevé comme une loge immense, on pénètre sous le pavé de l'église et on débouche par un escalier devant le maître-autel. Ce degré se prolonge au loin dans la rue percée en face le portail. Cette disposition si étrange avait été prise pour permettre aux nombreux pèlerins qui visitent Notre-Dame-du-Puy d'arriver processionnellement jusqu'à l'image vénérée. La cathédrale du Puy présente des traces d'un édifice très ancien. Les constructions en élévation datent du xi<sup>e</sup> siècle ; elles ont été couronnées au xii<sup>e</sup> par des coupoles. Une lanterne s'élève sur le centre de la croisée, l'abside était carrée et les extrémités du transsept sont terminées, au nord et au sud, par des absidiales peu élevées. Les parements extérieurs sont composés de pierre blanche (grès) et de lave noire, de façon à former de grandes mosaïques. Il y avait autrefois, à l'intérieur, de nombreuses peintures du xii<sup>e</sup> siècle, d'un grand style, qui ont été en partie détruites. La cathédrale du Puy a conservé ses dépendances, une grande salle du XII<sup>e</sup> siècle, un cloître du X<sup>e</sup> et du XII<sup>e</sup>, une salle capitulaire et une maîtrise avec des peintures du XIV<sup>e</sup>.

Vis-à-vis et tout près du Corneille s'élance plus bas, mais plus effilé, plus pointu, bien plus beau, le rocher d'Aiguille ou Saint-Michel. Ce dyke volcanique rouge, qui luit comme de la braise à certaines heures du soleil montant ou déclinant, jaillit brusquement des prairies de la Borne ; il a 85 mètres de haut et l'on y monte par un escalier de 249 marches. Le pyramidion de cet obélisque est formé par l'église St-Michel de l'Aiguille, édifice des XI<sup>e</sup> et XII<sup>e</sup> siècles.

Citons encore l'église Saint-Jean du X<sup>e</sup> siècle, l'église Saint-Laurent du XV<sup>e</sup> et la chapelle Saint-Michel bâtie sur un plan assez étrange imposé par les dispositions du terrain.

Après la visite de la cité des dentelles, nous quittons vieilles maisons, vieilles pierres et toutes les merveilles du Puy-en-Velay pour nous disperser, nous promettant de nous retrouver l'an prochain à Reims où nous irons sacrer un nouveau président.

Juillet 1897.



---

VERSAILLES. — IMP. CERF, 59, RUE DUPLESSIS.

193

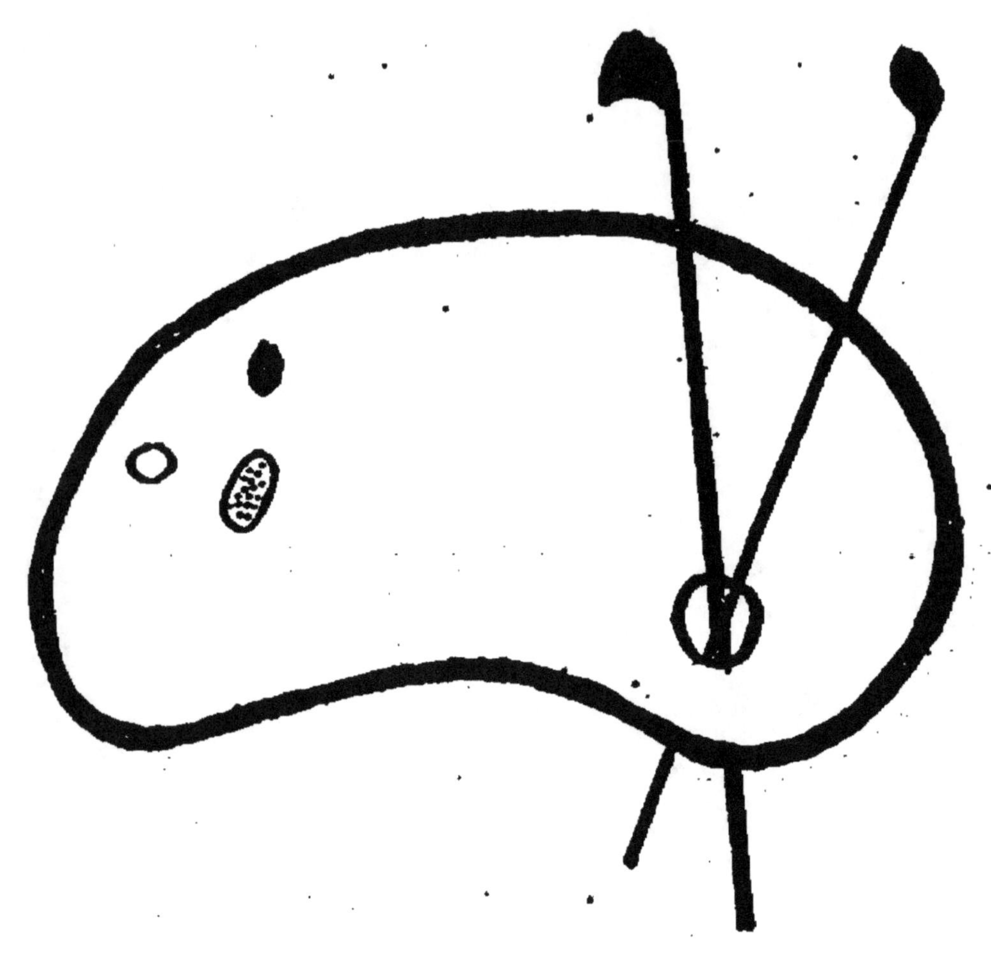

ORIGINAL EN COULEUR

NF Z 43-120-8